GOLDMANN RATGEBER

Buch

Was wünschen sich Menschen heutzutage? »Familie, Kinder, die Welt sehen und einfach glücklich sein«, lautet das Ergebnis einer Umfrage.

Immer drängender wird die Sehnsucht nach einer positiven Lebensweise, die dem verunsicherten Menschen von heute wieder Richtung und Orientierung gibt. Sie gipfelt in der aktuellen Diskussion um das Thema »Glück«. Und sie erwartet Antworten oder Antworthilfen auf die Frage nach dem Sinn des Lebens, nach dem richtigen Weg zwischen Wohlstand, sozialem Engagement und persönlicher Selbstverwirklichung.

Die Zeit ist reif für eine positive Alternative. Stephan Lermer verrät, welche psychologischen Voraussetzungen der einzelne schaffen kann, um selbst glücklicher zu werden.

Autor

Dr. Stephan Lermer, 1949 in Garmisch-Partenkirchen geboren, Studium der Psychologie, 1974 Diplom in Psychologie, 1977 Promotion in theoretischer Medizin. Nach vier Jahren Forschungstätigkeit arbeitete er als selbständiger Psychotherapeut in Regensburg. In dieser Zeit veröffentlichte er zahlreiche wissenschaftliche Arbeiten über psychotherapeutische Fortbildung, Kommunikation und Partnerschaft und wurde durch Rundfunksendungen zu den Themen Liebe, Angst und Glück einem breiten Publikum bekannt. Heute lebt Dr. Lermer als Schriftsteller und Therapeut in München.

Stephan Lermer

PSYCHOLOGIE DES GLÜCKS

Ein Wegweiser zum persönlichen Glück

Mit Beiträgen von Hans A. Pestalozzi
und Viktor E. Frankl

GOLDMANN VERLAG

Made in Germany · 1/85 · 1. Auflage · 1110
Genehmigte Taschenbuchausgabe

Umschlaggestaltung: Design Team München
Umschlagfoto: Ch. Stepp, Germersheim
Druck: Presse-Druck Augsburg
Verlagsnummer: 10951
G.M. · Herstellung: Sebastian Strohmaier
ISBN 3-442-10951-5

Meiner Tochter

»Die Menschen streben nach Glück,
sie wollen glücklich werden
und so bleiben.«

Sigmund Freud 1930

Schon die alten Griechen ...

»Vom ganzen Leben ist zunächst einmal die Hälfte gleichgültig, in der ich schlafe. Dann ist die erste Zeit der Kindheit — voll Beschwerden! Das Kind hat Hunger — doch die Amme schläfert es gewaltsam ein. Es dürstet — sie badet es; es will schlafen — sie macht mit der Klapper Lärm.

Ist er der Amme glücklich entronnen, nimmt den Jungen wieder der Erzieher, der Turnmeister, der Elementarlehrer, der Musik- und Mallehrer in Empfang. Vorwärts schreitet die Jugendzeit. Hinzu kommen Mathematik-, Geometrie-, Reit-Lehrer. Des Morgens früh wird der Knabe geweckt. Ausruhen gibt es da nicht.

Er wird mannbar: neue Furcht vor dem Aufseher, dem Turn- und Fechtmeister, dem Gymnasium-Vorsteher. Alle prügeln, belauern, plagen ihn.

Erweiterte Fassung einer Sendung des Bayerischen Rundfunks vom 5. Nov. 1981, mit dem Titel »Die Psychologie des Glücks«.

Aus dem Jünglingsalter ist er dann heraus und dann zwanzig Jahre alt. Und immer noch muß er bange sein und ängstlich auf den Aufseher und Leiter blicken. Wo er schlafen muß, liegen auch sie daneben; wo er wachen soll, bewachen sie ihn; wo er zu Schiff geht, steigen sie mit ein.

Ein Mann ist er nun in voller Blüte: Soldat wird er und wird alt im Dienste der Stadt; ist Bürger, führt das Heer an, hat Staats-Leistungen zu geben, ist Richter.

Nicht gestern, nicht morgen, sondern jetzt.

Glücklich war er nur die Zeit über, die er als Kind verlebte. Seine Manneskraft geht dahin; er kommt ins Alter; wieder muß er sich kindische Pflege gefallen lassen.«

Optimistisch kann man es nicht gerade nennen, wie ein Philosoph die Rückblende auf sein Erdendasein schildert.

Sie stammt von dem Stoiker Teles, der etwa dreihundert Jahre vor Christus lebte. Er kam für sich zu folgendem Schluß:

»Nicht sehe ich also, wie man ein glücklich Leben leben kann, wenn man es nach dem Maß von Freude und Lust mißt.«

Für die strengen Denker der Stoa lag der Weg zum Glück in der Leidenschaftslosigkeit und in der Überlegenheit des Menschen über sein Schicksal.

Das Glück war für die Philosophen zu allen Zeiten ein zentrales Thema; ein »brauchbares« Rezept haben sie dennoch nie gefunden.

Von Epoche zu Epoche verschieden war lediglich die Einstellung, ob man sich das Glück im Jenseits erhoffen oder bereits auf Erden schaffen könne, ob man etwas dafür tun oder im Gegenteil sich durch Askese von der drängenden Gier nach Glück befreien solle.

Die Philosophen der Antike empfahlen Weisheit und Besonnenheit, Tapferkeit und Gerechtigkeit.

So huldigten zum Beispiel Sokrates, Plato und Aristoteles der Tugend als Quelle eines dafür sogar dauerhaften Glücks. Man brauche sich also nur an den vier Kardinaltugenden zu orientieren, das heißt, weise und besonnen, tapfer und gerecht zu denken und zu handeln.

Plotin, Spinoza und Schopenhauer sahen das höchste Glück in den Freuden des Geistes und im Verweilen in theoretischer Betrachtung.

»Die Glückseligkeit ist nicht der Lohn der Tugend, sondern Tugend selbst. Wir erfreuen uns ihrer nicht deshalb, weil wir die Lüste hemmen, sondern umgekehrt, weil wir uns jener erfreuen, deshalb können wir unsere Lüste hemmen«, verhieß Spinoza.

Natürlich ist es leicht, sich zu bescheiden, wenn man es sich lei-

Wenn das Ersehnte wahr wird...

sten kann. Es ist schon schwerer, auf etwas zu verzichten, das man lange erhofft und ersehnt und nun endlich bekommen hat.

Aber wann ist jemand tatsächlich glücklich?
— Ein Hungriger, wenn ihm das Essen schmeckt;
— der Denker, wenn ihm eine Erkenntnis aufblitzt;
— zwei Liebende, wenn sie zusammen sind;
— ein anderer, wenn sein sorgsam geplantes Werk gelingt . . .
— und wenn man in verdienter Muße verweilt, sich ganz dem Beschaulichen hingibt und ohne Angst den Augenblick genießt.

Der Dichter Theodor Fontane hat vor hundert Jahren sein Gefühl des Glücks so beschrieben:

Sonntagsruhe, Dorfesstille,
Kind und Knecht und Magd sind aus,
Unterm Herde nur die Grille
Musizieret durch das Haus.

Tür und Fenster blieben offen,
Denn es schweigen Luft und Wind,
In uns schweigen Wunsch und Hoffen,
Weil wir ganz im Glücke sind.

Felder rings — ein Gottessegen
Hügel auf- und niederwärts,
Und auf stillen Gnadenwegen
Stieg auch uns er in das Herz.

In der Bibel ist das Wort Glück nur selten anzutreffen. Man könnte beinahe glauben, daß das irdische Glück eher ein heidnisches Verlangen ist. Im Neuen Testament ist vom Glück kein einziges Mal die Rede; an einer der wenigen Stellen im Alten Testament berichtet Moses über Joseph, »der Herr sei mit ihm gewesen«, daß er ein Mann wurde, dem alles, was er unternahm, glückte.

Potiphar erkannte daran, daß »der Herr mit ihm gewesen war«. Wem eine Sache glückt, der wird als »Gesegneter« bezeichnet. Ein beinahe Heiliger, wer im irdischen Dasein bereits ein Stück paradiesischen Glücksgefühls erleben darf. Denn: »nemo ante mortem beatus« — »Niemand ist vor dem Tode glücklich« — , heißt es schon von dem griechischen Weisen Solon.

Das Christentum setzte die Tradition fort und vertröstete auf das Paradies als Belohnung für ein Leben, in dem man sich an den glückspendenden irdischen Gelüsten nicht versündigt hat. Die Kasteiung als Preis für ein Glück im Jenseits . . .

Natürlich mußte es zu einer totalen Frontenbildung zwischen Christen und Marxisten kommen, als der radikale Materialist Karl Marx die Grundgedanken der Propheten bereits im Diesseits verwirklicht sehen wollte.

Vor hundert Jahren — man hatte die Aufklärung längst hinter sich — , als Auto, Eisenbahn und Flugzeug ein neues Zeitalter eröffneten, als die Fabriken mit ihren Industriemaschinen alle gewohnten menschlichen Leistungsgrenzen sprengten, da ging es mit der Geduld des Wartens zu Ende. So, wie der Mensch sich heute seine Gottähnlichkeit dadurch beweisen will, daß er auf den Mond fliegt, über Atomspaltung Materie in Energie verwandelt und durch Genmanipulationen neue Lebewesen erzeugt, galt die technische Revolution des 19. Jahrhunderts als Auftakt zu einem glücklichen Leben vor dem Tod. Man fing an, sich das Glück auf dieser Erde selbst bescheren zu wollen. In dieser Zeit fragte sich Marx, warum ein paradiesisches Leben mit der Verwirklichung humanitärer Grundprinzipien wie Wahrheit, Liebe und Gerechtigkeit nicht bereits diesseits zu erlangen sei. Warum sollte man weiterhin nur vom Paradies träumen, das Leben mit demütigem Warten vergeuden, wo doch plötzlich so vieles machbar schien?

»Du bist Deines Glückes Schmied...«

Der Sozialphilosoph und Psychoanalytiker Erich Fromm beweist, daß er selbst fähig zum Glück war, indem er von allem auch die konstruktive und positive Seite sehen konnte. Er erklärt das eigentliche Ziel von Karl Marx zum Beispiel so:

»Marx war ein Gegner, ein Kritiker der bürgerlichen Werte. Marx kam es darauf an, den Menschen wieder ins Zentrum zu stellen. Und noch am Ende des dritten Bandes 'Kapital' sagt er: Die Aufgabe ist, daß der Mensch so lebt, daß das Ziel seines Lebens die volle Entfaltung aller seiner Kräfte ist, als ein Selbstzweck, nicht als ein Mittel zur Erreichung anderer Zwecke. Das Pathos hinter Marx war ein religiöses Pathos, obwohl er die Religion kritisierte, und sehr scharf kritisierte. Aber warum hat er sie kritisiert? Er hat sie kritisiert nicht von einem bürgerlich-atheistischen Standpunkt, sondern — wenn Sie wollen — von einem religiös-atheistischen Standpunkt. Marx' Meinung war: So lange die reale Welt, die gesellschaftliche Welt so weit entfernt ist von der Verwirklichung der Prinzipien der Propheten oder der Evangelien, so lange braucht man eine Religion als Extra-Institution. Worauf es Marx ankam, war die Verwirklichung der Religiosität im realen Leben, daß die Gesellschaft so aufgebaut ist, daß die Prinzipien der Gerechtigkeit, der Liebe, der Wahrheit, der menschlichen inneren

Produktivität und Lebendigkeit, des Seins und nicht des Habens, daß diese Prinzipien in der Gesellschaft selbst durchgesetzt sind, im täglichen Leben. Dann allerdings braucht man keine Religion mehr als Extra-Institution, weil Religiosität — die Normen, die Erlebnisse, die Daseinsart — sich in der Praxis der Gesellschaft durchgesetzt hat.« *(Fromm 1980)*

Daß Marx mit seiner idealistischen Theorie den Menschen hoffnungslos überschätzt hat, läßt sich heute am desolaten Zustand der Staaten erkennen, die versuchen, seine Lehre in die Tat umzusetzen.

Was ist Glück?

Ist es zufällig oder machbar? Ist man glücklich, wenn man Glück hatte?

In den großen Lexika wird es so definiert:

»1. Meist wird Glück als günstige Fügung des Schicksals gesehen und als mystische Gestalt, als Fortuna versinnbildlicht und vergöttlicht.

2. Der Seelenzustand, der sich aus der Erfüllung der Wünsche ergibt, die dem Menschen für sich selbst am wesentlichsten erscheinen; sie können alle Stufen vom Sinnlichen bis zum rein Geistigen durchlaufen. In vielen politischen und philosophischen Themen gilt das Glücksstreben als sittlich berechtigter Antrieb des menschlichen Handelns.«

(Brockhaus-Lexikon).

Letztlich ist es das »Eins-Sein mit seinen Hoffnungen, Wünschen, Erwartungen«.

(Meyers enzyklopädisches Lexikon).

Die deutsche Sprache läßt mit dem Wort Glück alles offen, und zwar offen für sämtliche Phantasien, aber auch für Mißverständnisse. Die Franzosen und die Amerikaner haben da, ganz pragmatisch, eine sprachliche Unterscheidung vollzogen: *Luck* oder *bonne chance* heißt das Glück, aus dem die Träume sind; *la Fortune,* die vom Himmel kommt.

Glück haben, oder sein Glück machen, oder einfach glücklich sein?

Das Glück aber, um das es uns hier geht, das Glück, das machbar ist und jedem offen steht, das ist *happiness,* die Franzosen gaben ihm den edlen Namen *bonheur.*

Größtes Glück für die größtmögliche Anzahl von Menschen, ohne daß es auf Kosten anderer geht — das war einst die hehre Formel, die der Moralphilosoph Francis Hutcheson im Jahre 1726 den Politikern als Maßstab empfahl.

Die amerikanische Unabhängigkeitserklärung von 1776 hat es verankert, » . . . daß alle Menschen gleich geschaffen sind, daß sie von ihrem Schöpfer ausgestattet sind mit gewissen unveräußerlichen Rechten, daß ihnen Leben, Freiheit und das Streben nach Glück gehören«.

Heute hat jeder Amerikaner laut Grundgesetz ein in der Verfassung verankertes Recht auf Glück: *Pursuit of Happiness.*

»Über diesen Punkt werden sich alle spekulativen Politiker einig sein. Daß das Glück der Gesellschaft das Ziel der Regierung ist, wie Theologen und Moralphilosophen darin übereinstimmen werden, daß das Glück des Individuums das Ziel des Menschen ist. Aus diesem Grundsatz folgt, daß diejenige Regierung, die Ruhe, Behaglichkeit, Sicherheit oder in einem Wort: Glück einer möglichst großen Anzahl von Personen gewährt, und zwar in dem weitesten Ausmaß, die beste ist«, verkündete John Adams, der zweite Präsident der USA.

Nun, die politischen Parteien orientieren sich bis heute an diesem Ziel. Die CDU / CSU verkündete 1976 den Wahlkampfslogan »Wir wollen das Glück der Menschen«. 1971 hatte die SPD in ihren Freiburger Thesen das Postulat »Freiheit und Glück« als Parteiziel verankert.

Doch was ist das nun wirklich, das Glück?

Es ist schon deshalb schwer zu definieren, weil der Glückliche eigentlich gar keinen Grund hat, über sein Glück lange nachzudenken. Er ist eben ein Glückspilz, das Glücksrad als Waffe, ein Liebling der Götter, ein Felix Krull — eben ein Glücksritter oder ein vom Glück gerittener, ein Auserwählter der Göttin Fortuna.

»Glücklich ist, wer alles hat, was er will« *(Augustinus)*.

Casanova, einer der größten Glücklichen der Geschichte, meinte zu wissen, was es ist: Vollkommene Gesundheit, keine Pflichten, keine Sorgen, keine Abhängigkeit, reichlich Geld, Glück im Spiel und Erfolg bei den Frauen. Da er das alles habe, sei er »im tiefsten Grunde glücklich«, wie er sagte.

Glücklich, wer sich Genuß zu verschaffen weiß, ohne irgendwem zu schaden. Das war seine Devise. Er meinte damit die Erfüllung der Wünsche, Hoffnungen und Erwartungen ohne Schuldgefühle, ohne schlechtes Gewissen.

Im Laufe des Lebens . . .

Das Glück ist abhängig von der persönlichen Reife.

Ein Kind freut sich riesig über ein Spielauto; ein Porscheschlüssel bedeutet ihm noch nichts. Für den erwachsenen Menschen ist es umgekehrt.

Auch im Lauf des Erwachsenenlebens wandelt sich die Quelle des Glücks. Je nachdem, welche Werte jeweils wichtig sind. Denn es geht immer wieder nur um die Bedürfnisse und die Werte. Ein junger Mensch denkt wenig an die Gesundheit, an guten Schlaf oder verdauliches Essen. Ihm sind persönliche Anerkennung, Freude am Leben, gutes Aussehen und befriedigende Sexualität, Abenteuer und Ablenkung wichtig. Im Alter aber wird sich diese Werthierarchie umkehren. Was zunächst an erster Stelle stand, wird schließlich an letzter stehen.

Der amerikanische Psychologe Levinson ging diesem Wandel einmal nach und fand sehr typische Unterschiede. Je nach Lebensalter verfolgt der Mensch von heute verschiedene Ziele. Das Gefühl des Glücks hängt zum großen Teil davon ab, ob er das jeweilige Ziel erreichen konnte oder nicht. Die Befragung amerikanischer Männer aus den verschiedensten Berufsgruppen ergab drei Phasen des Männerlebens:

Zuerst die »Lehrzeit«: Der Versuch, Selbstverwirklichung und Karriere zu verbinden; und das meist mit Hilfe eines Mentors. Die erste Krise taucht dann auf im Übergang zur Phase des »Seßhaft-Werdens«. Hat der Mann bis dahin seine kühnsten Träume übertroffen oder nur geträumt? Er spürt, was wirklich wichtig ist. Etwa mit 32. Die Ambivalenz dieser Phase ist das Streben nach Unabhängigkeit und nach Bestätigung durch die Gesellschaft.

Jede Lebensstufe hat ihren Schlüssel zum Glück.

Thema des nachfolgenden »Übergangs zur Lebensmitte« ist die generelle Desillusionierung der eigenen Omnipotenz-Wünsche. Die persönliche Umwertung gipfelt in der Frage:» Was will ich denn wirklich für mich selbst und für andere?« Der Mann wird reif, selbst Mentor für Jüngere zu sein.

Maßgeblich für diese Zeit der eigentlichen Individuation (im Sinne C. G. Jungs), ab etwa 40, sind vier Polaritäten und deren Integration:

Es ist die Ambivalenz jung — alt«, die den Mann in dieser Zeit ohne festes Alter sein läßt. Er fragt nach Tod und Wiedergeburt, nach Endlichkeit und Ewigkeit.

Während der zweiten Polarität, »destruktiv — konstruktiv«, blickt der Mann zurück auf sein verlorenes Paradies oder auf das Schlachtfeld seines Lebenskampfes. Er orientiert sich jetzt stärker am Nutzen des Gemeinwohls und der nachfolgenden Generation.

Levinson gebraucht als Analogie zur dritten Polarität »maskulin — feminin« die Begriffe »denken — fühlen«. Er beschreibt den Mann als den, der »macht, tut oder hat«, die Frau als die, die »ermöglicht«.

Die letzte Polarität ist die der »Verbundenheit — Abgrenzung«. Ihre Integration wäre eine Ausgewogenheit zwischen den Bedürfnissen des eigenen Selbst und denen der Gesellschaft.

Macht Geld glücklich?

Die amerikanische Zeitschrift »Psychology today« befragte 1980 20.000 Leser aus Kanada, England, Japan, Australien und Saudi-Arabien zu dem Thema, ob Geld mehr als beruhige, ob es tatsächlich glücklich mache.

Jeder zweite Befragte hatte sich während des vergangenen Jahres schon einmal glücklich gefühlt, als er an sein Geld dachte.

Die persönliche Bedeutung des Geldes kam auf Platz 3, gleich nach der Liebesbeziehung und der Arbeit. Allerdings, so scheint es, macht das Nicht-vorhanden-Sein von erhofftem Geld unglücklicher, als das Geld dann glücklich macht. Denn gerade heute, wo sehr viele Menschen von Inflation, Rezession oder Arbeitslosigkeit betroffen sind, müssen viele ihre ehemaligen materiellen Wünsche aufgeben oder zurückstellen. So meinte auch jeder zweite, wir lebten heute in einem Zeitalter des Mangels. Ein Viertel der Befragten gab an, bis über beide Ohren verschuldet zu sein.

Ob der Mensch allerdings fähig wäre, sein Glück mit Geld zu machen, bleibt auch dann ein Rätsel, wenn man betrachtet, wie Menschen plötzlich vorhandenes Geld ausgeben würden. Die Frage hieß: Was würden Sie tun, wenn Sie plötzlich 200.000 DM jährlich auf die Hand bekämen? Die meisten würden das Geld investieren, jeder zweite seine Schulden bezahlen, mehr sparen, ein Haus bauen oder sich Sachen kaufen, die er schon lange haben wollte. Nur jeder vierte meinte, er wolle das Geld dafür verwenden, »gut« zu leben ...

War der berühmte »Hans im Glück« tatsächlich glücklich, war er ein Lebenskünstler, der zeigt, wo es lang geht? Was ist seine Botschaft?

Es fing so an: Besonders intelligent war er nicht, der liebe Hans, aber treu. Sieben Jahre lang war er seinem Herrn als Diener zur Hand gegangen und hatte sich dabei einen Batzen verdient. Exakt einen ganzen Batzen reines Gold bekam er als Lohn für sieben Jahre in die Hand gedrückt.

Statt den neuen Schatz als gewichtiges Vermögen zu schätzen, litt er gar unter dem Gewicht seines Besitzes. Umgekehrt, dachte er sich, wäre es besser, daß er verdient habe, endlich getragen zu werden, als immer noch selbst zu tragen. So kam ihm das Angebot gerade recht, seine Last für ein Pferd eintauschen zu können. Doch was macht man, wenn man durstig ist und nur ein Pferd besitzt? Da ist eine richtige Kuh, die man melken kann, schon ergiebiger. Flugs war das Pferd für eine Kuh eingetauscht. Und so ging es weiter. Auf die auf die Dauer lästige Kuh folgte ein Schwein. Am Ende hatte er sich befreit von sämtlichem Besitz. Nun war er froh und dankte dem Herrn auf Knien, daß er »auf eine so gute Art und ohne daß er sich einen Vorwurf zu machen brauchte« (Gebrüder Grimm) von aller Last befreit war . . .

Wie man weiß, ist jeder Besitz mit der Angst um seinen Verlust verbunden. Angst aber läßt keinen Raum für Glück. Sollte die Mär vom Hans im Glück verkünden, daß nur besitzloses Leben glücklich macht? Sein Lebensstil bestand darin, daß er es sich jeweils leisten konnte, sich seine Wünsche zu erfüllen. Auch wenn er, beurteilt nach objektiven Schätzwerten, laufend Rückschritte machte.

Weniger wäre mehr, sagt Hansis Mär.

Subjektiv aber machte es ihn glücklich, weil er bekam, was er sich wünschte.

Was wünschen sich die Menschen heutzutage? »Familie, Kinder, die Welt sehen und einfach glücklich sein.« Dieses Ergebnis ermittelten die Psychologen vom Institut für Demoskopie in Allensbach durch eine Befragung von 2000 Bundesbürgern, einer repräsentativen Stichprobe, im Jahre 1981. 60 Prozent sehen ihr höchstes Glück darin, ihre Familie gut versorgt zu wissen. Platz zwei auf dem Wunschzettel nimmt das Reisen in ferne Länder ein. Bei den Befragten unter dreißig überrascht, daß nur jeder zweite diese Sehnsucht nach der Ferne so hoch wertet. Die andere Hälfte kümmert sich erst einmal um beruflichen Aufstieg, um die Karriere. Am interessantesten aber ist sicherlich die Antwort der Jugendlichen auf die Frage nach dem Wichtigsten in ihrem Leben: »Daß man mich mag«, gab fast jeder zweite an erster Stelle an.

Freud war eher skeptisch.

Wie würde ein Psychologe das Glück beschreiben?

Ich fragte den heutigen Leiter des tiefenpsychologischen Instituts der Universität Wien, den Psychologie-Professor Hans Strotzka.

Er erinnerte an die Überlegungen seines großen Vorgängers Sigmund Freud zum Glück: »Freud hat ja einmal gesagt, daß das Schicksal dem Menschen keine Glücksgarantie gibt. Und nachdem er sicher der weiseste Beobachter menschlichen Seelenlebens war, hat das sehr viel für sich. Wir sind ja oft nicht glücklich, und selten dauernd glücklich. Und natürlich korrespondiert das sehr stark mit unserem Anspruchsniveau. Welche Motive befriedigen uns so, daß wir einen Zustand des Wohlbehagens, der Zufriedenheit, der heiteren Stimmung haben? Wenn ich glücklich bin mit einer schönen Landschaft vor meinen Augen oder einer Person, die ich liebe, und wenn ich dazu ein Glas Wein und einen guten Schafskäse habe, dann kann ich unter Umständen sehr glücklich sein. Auch wenn ich allein bin, kann ich es sein. Wenn ich fordere, daß die Ansprüche Reichtum implizieren und Macht, dann wird es natürlich problematisch. An den Ansprüchen hängt es auch sicherlich sehr.

Wenn das Anspruchsniveau stimmt...

In einer großen Untersuchung in New York, der sogenannten Manhattan Study, die nach zwanzig Jahren wiederholt wurde, einer Befragung eines repräsentativen Bevölkerungsquerschnittes über psychische Gesundheit, wurde bei der Wiederholung auch die Frage nach Glück gestellt und in einer Dissertation an der Columbia Universität ausgewertet. Dort wurde von der Bevölkerung mit Glück sowohl finanzielle Sicherheit als auch eine befriedigende materielle Situation sehr hoch assoziiert, und natürlich Gesundheit. Dann ist erst alles andere gekommen, und das ist sicher etwas, das psychologisch allgemein gültig ist. Denn wenn man sich existentiell bedroht fühlt und erhebliche Gesundheitsstörungen hat, dann werden die Momente des Glücks natürlich viel seltener.« *(Strotzka 1981)*

Sigmund Freud stieß mit seiner Forschungsmethode, der Psychoanalyse, auf die fundamentale Erkenntnis, die der Evangelist Johannes so formuliert hatte: »Und die Wahrheit wird euch freimachen.« Freud erkannte, daß der Mensch dann erkrankt, wenn er die unbewußten Forderungen seiner Seele vernachlässigt.

Selbst wenn die Seele befreit ist, wird die Moral Grenzen setzen— meinte Freud.

Glück steht demnach im Zusammenhang mit körperlicher und seelischer Gesundheit, also der Basis für Vitalität, Fühlen, Denken und kreativ-produktives Handeln. Theoretisch müßte der einzelne dann, wenn er seine verdrängten Ängste und Wünsche erkannt und bewältigt hat, frei sein zum Glücklichsein. Doch die Moral der Kultur, die sich der Mensch selbst geschaffen hat, wird es ihm nicht möglich machen.

1930 schrieb Freud: »Sie streben nach dem Glück, wollen glücklich werden und glücklich bleiben... Dieses Programm ist überhaupt nicht durchführbar, alle Einrichtungen des Alls widerstreben dem: man könnte sagen, die Absicht, daß der Mensch 'glücklich' sei, ist im Plan der Schöpfung nicht enthalten ... Was man im strengsten Sinn Glück heißt, entspringt der eher plötzlichen Befriedigung hochaufgestauter Bedürfnisse und ist....nur als episodisches Phänomen möglich.«

Freud führt weiter aus, daß man angesichts all des Unglücks in unserer Welt das Glücksverlangen doch lieber auf sich beruhen lassen solle, also nicht weiter vom Glück reden, sondern die Energie lieber dafür einsetzen solle zu verhindern, daß Menschen unglücklich sind, bzw. das Unglück und das Leid in der Welt zu vermindern. Sollen wir uns damit zufriedengeben?

Warum sieht Freud so wenig Chancen für unser menschliches Glück? Für ihn sind die drei großen Quellen menschlichen Leidens dafür verantwortlich: »Die Übermacht der Natur, die Hinfälligkeit unseres eigenen Körpers und die Unzulänglichkeit der Einrichtungen, welche die Beziehungen der Menschen zueinander in Familie, Staat und Gesellschaft regeln.«

Technik — auf Kosten der Gefühle?

Daß sich seit damals, von Freud bis heute, nicht viel geändert hat, zeigt folgendes Beispiel:

In der Medizin — speziell in der psychosomatischen Medizin — spricht man heute vom sogenannten Pinocchio-Syndrom. Damit ist die Beschreibung eines Persönlichkeitstyps gemeint, der wie ein Hampelmann, mit einer Seele aus Holz, von außen gesteuert funktioniert. An die Stelle innerer Leidenschaften treten die Zwänge der »Bewußtseinsindustrie«, die ihm vorgefertigte Werte, Ziele und Handlungen aufnötigen.

Wie der Frankfurter Psychiater Professor Peter Kutter schreibt, trifft diese Unfähigkeit, die eigenen Gefühle wahrzunehmen und auszudrücken, für den von den technokratischen Sachzwängen nicht verschonten Mediziner häufig selbst zu. »Alexithymie« heißt der Fachausdruck für das roboterhafte Verhalten, das dem Arzt in einer apparateintensiven Gesundheitsmaschinerie abverlangt wird. Bei dieser Fixierung auf eine objektive Definition von Krankheit und Gesundheit, die sich in physikalischen Meßwerten und chemischen Analysen erschöpft, spürt er selbst oft gar nicht mehr, daß der Patient den Zugang zu seinen Gefühlen, seiner Emotionalität und Leidenschaft verloren hat.

Nur wer fühlen kann, wird sein Glück erleben.

»Diejenigen Menschen, die wir als neurotisch, psychosomatisch 'krank' bezeichnen, sind lediglich Extremvarianten einer allgemeinen Erscheinung. Wenn unsereiner nicht wie der neurotisch, psychosomatisch oder psychotisch 'Kranke' an bestimmten Symptomen leidet, so liegt das daran, daß wir unter der kollektiven Verdrängung einer Welt ohne Leidenschaft gar nicht mehr merken, was uns eigentlich fehlt.« *(Kutter 1980)*

Erich Fromm kam bei seinen Überlegungen zu einem ähnlichen Schluß: »Die Normalsten sind die Kränkesten, das heißt die Normalen sind so angepaßt, die haben alles, was ihr Eigen ist, verlassen, die sind so entfremdet, so 'instrumental', so roboterhaft geworden, daß sie schon gar keinen Konflikt mehr empfinden. Das heißt, ihr wirkliches Gefühl, ihre Liebe, ihr Haß, das ist schon so verdrängt oder sogar so verkümmert, daß sie das Bild einer chronischen leichten Schizophrenie abgeben. Die Ursachen scheinen mir ganz offenliegend zu sein: unsere Gesellschaft ist aufgebaut auf dem Prinzip, daß das Ziel des Lebens die größere Produktion als Kompensation ist, und die Wirtschaft und der Fortschritt der Wirtschaft, der Fortschritt der Technik, das ist das, wofür wir leben. Nicht der Mensch. Was dem Menschen nützt, das interessiert wenig; wenn es um den Profit geht, hat man kein Gewissen, Menschen zu schaden. Das hat aber erst im industriellen Zeitalter angefangen. Im Mittelalter war es eben nicht so.« *(Fromm 1980)*

Die Ursache für die verbreitete Entwertung von Gefühlen, Leidenschaften und Emotionen ist die einseitige Idealisierung des Rationalen, der Technik. Alexander Mitscherlich beklagte das Ziel unseres Erziehungssystems, das mehr eine »Sachbildung« als eine »Sozialbildung« anstrebe, geschweige denn, wie Kutter fordert, eine »Affektbildung« oder gar eine »Herzensbildung« beinhalte. Es geht hier nicht um eine Verteufelung der Technik. Daß aber der Teufel in der Technik stecken kann, sprich: den Menschen zum Sklaven von Sachzwängen degradieren kann, wird allenthalben als unterschätzte Gefahr entlarvt. Mag es sich um Computer, Roboter oder selbststeuernde Waffensysteme handeln — ohne Technik geht es nicht mehr. Das Glück des Menschen ist aber nur so lange nicht gefährdet, so lange die Technik ihm dient, nicht umgekehrt er der Technik. Der Kernphysiker Professor Edgar Lüscher wies erst vor kurzem auf die Brisanz dieser Überlegungen hin:

»Technik ist untrennbar mit dem menschlichen Handeln verbunden. Der Mensch handelt, weil er mit der Welt, die ihn umgibt, nicht zufrieden ist.

Dazu möchte ich versuchen, einen Gedanken der Philosophin Jeanne Hersch, der bekannten Schülerin von Carl Jaspers, zu skizzieren: Der Mensch leidet unter einem Mangel. Er zielt auf einen Zustand ab, der anders ist als der bestehende. Er braucht dazu Mittel, das heißt er wendet Techniken an: Das Feuer, das Rad, ein Feuerstein waren bereits im Altertum solche technischen Hilfsmittel. Der Mensch, ein langsames Tier, unbewaffnet und verletzlich, griff zuerst nach Mitteln, die ihm erlauben sollten zu leben und zu überleben. Die Resultate dieser technischen und wissenschaftlichen Schöpfung, dieses Verwandeln der elementaren Gegebenheiten, die dem

Fehlendes Glück kann zum Motor des Handelns werden.

menschlichen Leben auferlegt sind, entsprechen offenbar bestimmten Wünschen: dem Wunsch, nicht zu leiden, nicht zu sterben, bei der Arbeit weniger Mühe zu haben, sich Macht und Güter anzueignen etc.

Die Technik ist Verführung und Chance zugleich.

Die heutige Vorherrschaft von Glücksvorstellungen führt in die Irre. Distanzierung der Bedrohung macht die Menschen nicht unbedingt glücklicher, manchmal hat man sogar den gegenteiligen Eindruck. Vor allem gilt es zu entdecken, daß das vielgepriesene Glück als Finalität der Technik ein Trugbild ist. Glück, das wäre die Aufhebung des Mangels dank der Technik. Doch wäre das Verschwinden des Mangels für den Menschen zugleich die Zerstörung eines Gradienten, einer Ausrichtung auf Ziele, also die Herrschaft der Sinnlosigkeit. Das heißt, das schlimmste Übel, das es gibt. Nein, wenn die Technik den Menschen den Zugang zu Freizeit eröffnet, zu Kultur, die als Erbe zu übernehmen ist, und anderswo zu neuen Verwirklichungen des Menschseins, so geschieht dies nicht, um sie glücklicher zu machen, sondern um ihnen zu erlauben, in erhöhtem Maß als Mensch zu leben. Die Technik breitet vor ihnen unzählige Möglichkeiten und natürlich die Komplexität des Denkens und der Freiheit aus.

In der durch die Technik verwandelten Welt, in der wir leben, sind wir nicht mehr imstande, den menschlichen Sinn darin zu entziffern . . .« *(Lüscher 1981)*

Der gerne als »Prophet des Untergangs« mißverstandene, letztlich sehr hoffnungsgeladene Psychologe Erich Fromm, kam für sich auf folgende knappe Formel: »Alle Argumente, fast alle Argumente sprechen dafür, daß wir, so weitermachend, in die Katastrophe schlittern.

Ich sage aber auch, so lange noch in Fragen des Lebens eine kleine Chance besteht — sagen wir von ein oder zwei Prozent —, so lange darf man nicht aufgeben.« *(Fromm 1980)*

Die spontane Antwort von Hans A. Pestalozzi.

Natürlich stellt sich gerade an dieser Stelle die Frage, ob es nicht auch heute noch darum geht, sich in erster Linie um die Beseitigung von Problemen wie Inflation, Arbeitslosigkeit, Kriminalität etc. zu kümmern. Ist es in unserer Zeit, in der mehr und mehr über Unglück, Leid und Hoffnungslosigkeit, über Krieg, Ende und Krisen diskutiert wird, noch legitim, daß wir über das Glück sprechen?

Ich stellte diese Frage dem ausgestiegenen Top-Manager Hans Pestalozzi, dessen Buch mit dem Titel »Nach uns die Zukunft« von der heutigen orientierungshungrigen Generation geradezu verschlungen wurde.

Pestalozzi: »Ich finde es etwas kurios, daß man überhaupt danach fragt, ob man über das Glück sprechen soll. Ich meine, wir sprechen ja nur über Unglück und über

Angst usw., weil dann Glück abwesend ist. Das Ziel ist doch das Positive, das Suchen nach dem Glück.«

— »Meinen Sie, alle Bestrebungen gehen dahin, einen Weg zu finden, glücklich zu werden?«

Pestalozzi: »Ja selbstverständlich. Denn wenn es darum geht, Unglück abzuwenden, oder Angst abzuwenden, dann geht es mir ja um die Suche nach dem Glück.«

— »Es ist immer die gleiche Richtung?«

Pestalozzi: »Ja. Es ist die positive Formulierung des Negativen.«

— »Und Sie sind eher ein Mensch, der gern das Positive sehen möchte?«

Pestalozzi: »Ja, natürlich. Wenn ich die ganze Entwicklung in unserer Gesellschaft aufzeige, dann heißt es: Der sieht alles negativ. Nein, im Gegenteil. In dem Moment, in dem ich die negativen Entwicklungen aufzeige, habe ich die Möglichkeit, einen anderen Weg einzuschlagen, neue Lösungen zu finden, nach den positiven Lösungen zu suchen. Also, wenn ich gegegen AKW bin, dann bin ich nicht gegen AKW, sondern für eine dezentrale Energieversorgung, beispielsweise für die Schonung der kommenden Generation usw. Wenn ich gegen eine Autobahn bin, dann bin ich ja für die Erhaltung der Strukturen, bin ich für die Erhaltung der Natur, bin ich für sinnvolle Verkehrslösungen. Ich suche nach den positiven Lösungen. Aber im ersten Moment sieht das negativ aus. Genauso bei Glück und Unglück. Wenn ich versuche, Unglück abzuwehren, Ängste abzubauen, dann versuche ich ja das Positive, nämlich Glück zu schaffen, nach dem Glück zu suchen. Abwesenheit von Angst reicht ja noch nicht für die Formulierung von Glück, für das Suchen nach dem Glück.«

Erstens Angstfreiheit, zweitens...

— »Das ist nur die erste Stufe? Die Kritik oder die Angstabwehr ist nur die erste Stufe, darauf baut sich dann die Möglichkeit auf, zum Glück zu kommen?«

Pestalozzi: »Ja. Wir können es vielleicht mit einem anderen Begriff vergleichen, mit dem Freiheitsbegriff. Wenn wir heute von Freiheit sprechen, meinen wir in der Regel nur die Abwendung von Unfreiheit. Nein, das muß ich anders formulieren: Wenn wir heute von Freiheit sprechen, dann meinen wir die negative Freiheit, nämlich frei wovon? Der Freiheitsbegriff, der beispielsweise unserer Wirtschaft zugrunde liegt, meint Freiheit, die gleichbedeutend ist mit Rücksichtslosigkeit, Schrankenlosigkeit, Grenzenlosigkeit usw. Der wesentliche Freiheitsbegriff ist aber der positive Freiheitsbegriff, nämlich: Was mach' ich jetzt mit der Befreiung? Wenn ich mich einmal befreit habe — wie sieht dann die gestalterische Freiheit aus? Und das ist etwas grundlegend anderes.«

— »Also: frei zu sein *für* etwas?«

Pestalozzi: »Ja. Aber das sind wir in der Regel nicht in unserer Gesellschaft. Das wäre der entscheidende Schritt. Wenn antiautoritäre Erziehung für uns darin bestand, einfach nur Grenzen zu beseitigen, dann mußte diese Freiheit ins Leere führen, weil wir nicht gefragt haben, wozu denn eigentlich? Wenn aber die Erziehung darin bestanden hat, es dem Kind zu ermöglichen, einen eigenen Willen zu formen, sich selber zu werden — und das kann man nur im Gegenüber, mit anderem Willen —, dann war das nicht eine Freiheit von . . ., sondern die Fähigkeit, sich selbst zu werden in Auseinandersetzung mit den anderen Willen.«

frei von...
plus
frei für...

— »Das setzt voraus, daß man erst das Ziel definiert, das man erreichen möchte.«

Pestalozzi: »Ja. Das erste ist natürlich unter Umständen schon die Befreiung. Aber erst dann, wenn ich mich einmal befreit habe, bin ich in der Lage, positiv zu formulieren. Die Befreiung an sich aber genügt nicht ... Auch Abwesenheit von Angst beispielsweise genügt allein noch nicht. Ich muß doch wissen, wie ich jetzt mein Leben gestalten kann, damit ich dann wirklich glücklich bin.

Was ich in der Wirtschaft ganz extrem erlebt habe, das ist die Behauptung: Es geht euch doch so gut wie noch nie. 'So gut gehen' würde doch heißen, daß wir glücklich sind. Und auf der anderen Seite stellen wir fest: ständig steigende Selbstmordquoten, steigende Kriminalität, Zunahme des Konsums von Alkohol, Drogen, Medikamenten, steigende neurotische Erkrankungen — sogar eine sprunghafte Zunahme. Das deutet darauf hin, daß wir immer unglücklicher werden.

Was stimmt jetzt: die Behauptung der Industrie, der Wirtschaft: Es geht euch so gut wie noch nie? Oder die Tatsache, daß sich die Sozialindikatoren, die über den Glückszustand der Gesellschaft Auskunft geben könnten, negativ entwickeln? Was ist jetzt das Glück?«

— »Sie schreiben, daß die Menschen durch das Haben oder die Anhäufung von Gütern nicht glücklich geworden sind.«

Pestalozzi: »Ich kann es nur wieder negativ formulieren: Was ich erlebt habe in der Wirtschaft, was die Wirtschaft dem Menschen beigebracht hat: Du mußt konsumieren; Glück ist einnehmbar, Glück ist machbar. In dem Moment, wo man dem Menschen Gefühle verkauft, versucht man ihm beizubringen, daß seine ganze Gefühlswelt durch Konsum zu befriedigen sei. Glück sei etwas Externes. Und genau das stimmt natürlich nicht. Sondern Glück ist eine ganz persönliche Empfindung. Glück ist eine Lebensfähigkeit, ist Emotionsfähigkeit usw. Und gerade durch externen Konsum verhindere ich ja das Glück. Der externe Einfluß durch Konsum verhindert, daß ich mich selbst empfinden und mich selbst fühlen kann. Der Ansatz der Wirtschaft verhindert, daß ich echt glücklich werde.«

In jedem Menschen steckt die Fähigkeit, sein Glück zu emp-finden.

— »Noch eine Frage zum Schluß: Was macht Sie persönlich denn glücklich?«

Pestalozzi: »Wenn ich fähig bin, ganz intensiv zu empfinden. Das kann ein Erlebnis auf einer Wanderung sein. Das kann Liebe sein. Das kann eine Stunde in der Sonne liegen sein. Ganz entscheidend ist einfach, an der Sonne zu liegen und Sonne zu empfinden. Das sind ganz extreme Glücksgefühle. Das Entscheidende ist, daß wir wieder fähig werden, überhaupt Emotionen haben zu können, empfinden zu können. Denn das ist ja das, was man uns weg-erzieht, von frühester Jugend an, besonders in der Schule. Wir werden dazu erzogen, alles rational zu erfassen. Wir dürfen ja keine Gefühle haben. Wir kennen das ja in der Schule: Wo darf man Gefühle haben und zeigen und ausleben? Im Gegenteil: Man muß doch angepaßt sein, eingeordnet sein, sich unterordnen, sich nicht gehenlassen. Und emotionsfähig zu sein, heißt ja, sich gehenlassen, den Gefühlen Ausdruck geben zu können. Und das müssen wir wieder lernen. Sonst sind wir nicht fähig, Glück empfinden zu können.«

Nun, eine endgültige Definition fällt tatsächlich schwer. Vielleicht hilft der alte Trick der Wissenschaftstheorie, der auch in der Psychotherapie oft einen Ausweg darstellt: Glück ist das Gegenteil von Nicht-Glück. Doch was ist das nun wieder?

Nicht Unglück, sondern Langeweile ist das Gegenteil von Glück

oder

Die drei Ursachen der Langeweile

Für die scheinbare Allmacht des Menschen in unserer Zeit, die ihm ein Alles-ist-machbar-Gefühl vermittelt, zahlen wir den hohen Preis der tiefen Angst, die uns heute beherrscht, die vielfach verzerrt in Form von Depression zum Vorschein kommt. Eine Möglichkeit, dieser Angst zu begegnen, erreichen wir dadurch, daß wir unser Bedürfnis nach Orientierung und Sicherheit befriedigen. Wir versichern uns und unser Hab und Gut, wir versichern uns unseres persönlichen Werts und unserer Zukunft. Versicherungspolicen, Auszeichnungen und Orden, Ehrungen, Stundenpläne und Terminpläne vermitteln uns dreierlei Ordnungs-Chancen: Wir wissen, daß wir wichtig sind; wir wissen, was wir tun sollen; und wir wissen, daß wir okay sind, wenn wir das Plansoll erfüllt haben.

Gut und schön, wenn's funktioniert und tatsächlich hilft. Die Gefahr liegt hier jedoch darin, daß Abenteuer und Überraschungen ausgeschlossen sind: für den neurotisch-ängstlichen Menschen eine Beruhigung, für den glücksuchenden gesunden Menschen eine Qual. Er hat sich der Chancen für das Glück beraubt.

Langeweile kommt auf, verursacht von drei Glücksbremsen: Monotonie, Konventionen und Passivität.

(vgl. Keen 1980).

Monotonie:

Der Reizhunger des Menschen ist ein angeborener Mechanismus, der uns nach immer neuen Erfahrungen drängt. So kommen wir vorwärts, unserem Ziel oder Sinn dieses Lebens immer näher. Sicherheit und Versorgungsgarantie blockieren diesen Reizhunger, weil wir uns damit der Zukunft beraubt haben: Wenn ich heute schon weiß, was morgen sein wird, dann erlebe ich das Morgen schon heute, also gibt es für mich kein Morgen, und damit keine Überraschungen mehr. Ich habe mir meine Hoffnung getötet.

Andererseits brauchen wir ein gesundes Maß an Monotonie, brauchen wir die beruhigende Regelmäßigkeit, das angstlösende Gefühl: Alles ist in Ordnung. Das beginnt bereits frühmorgens: Es beruhigt mich (unbewußt), daß an diesem Morgen die Sonne aufgegangen ist. Ich sehe in den Spiegel und entdecke, daß ich der gleiche bin, der gestern eingeschlafen ist. Ich sitze am Frühstückstisch meiner Frau gegenüber und spüre, durch ihr Lächeln, daß sie mich immer noch liebt.

Und so geht es den ganzen Tag. Wenn ich aber nicht nur weiß, was ich um zehn Uhr und um elf Uhr und um vierzehn Uhr tun werde, sondern auch noch, was ich heute Abend tun werde, dann wird aus dem Rhythmus Pflicht, die spontane und selbstverantwortliche Entscheidung nicht mehr zuläßt.

Konventionen

Ebenso wie Rhythmus, Regelmäßigkeit und Monotonie beruhigen können, wirken sie im Extrem als Quelle von Langeweile.

Vergleichbar damit sind Konventionen, die uns für unklare Situationen optimale Verhaltensweisen vorschlagen. Die Konvention nimmt uns die Entscheidung ab.

Beispielsweise empfiehlt uns eine Konvention, auch einem langweiligen Redner bis zum Ende zuzuhören. Wir werden uns langweilen und die Zeit bis zum Ende der Rede unglücklich erleben. Aber nur so erreicht der Redner die Menschen, die seine Botschaft interessiert, wenn er bis zum Ende sprechen kann. Würden wir es wagen, uns davonzuschleichen, das heißt, gesund-egoistisch unserem Bedürfnis zu folgen und zu gehen, ohne den anderen die Show zu zerstören, hätten wir die optimale Lösung gefunden.

Passivität

Hätten wir uns aber gezwungen, die Zeit bis zum letzten Satz abzusitzen, sie wäre uns unendlich lang vorgekommen.

Vergleichen Sie einmal das Zeitgefühl für eine Minute in der Situation des erzwungenen Wartens, beispielsweise ehe Sie jemanden, den Sie lieben, wiedersehen können, mit einer Minute in einer Situation, in der Sie vollends glücklich sind.

Wir erleben die Zeit wie das Verhältnis der Geschwindigkeiten von Stunden- und Sekundenzeiger.

Immer, wenn das Warten zum Muß wird, erleben wir Frustrationen, entwickeln wir erst Aggressionen, dann Depressionen. »Man kann nichts tun, man muß abwarten«, ist eine der großen Unglücksformeln, die sich vor allem notorische Fernseher, Lottospieler oder naiv Hoffende einreden.

Anstatt die Glücksformel »Aktivität ist der einfache, Abenteuer der besondere Weg zum Glück« zu beherzigen, warten sie auf das Wunder, das letztlich mehr Enttäuschung als Erfüllung bringen wird.

»Ein Leben übervoll von Aufregungen ist ein erschöpfendes Leben, in dem ständig stärkere Reize nötig sind, um die angenehme Erregung zu verschaffen, die als wesentlicher Bestandteil von Genuß betrachtet wird.« *(Bertrand Russell)*

Glück ist machbar.

In diesem Zusammenhang möchte ich den Unterschied zwischen konstruktiver und destruktiver Aggressionsenergie aufzeigen.

Jeder Mensch besitzt aggressive Energie, die er im günstigen Fall konstruktiv entladen kann: Macht euch die Erde untertan, heißt der christliche Auftrag. Durchsetzungsfähigkeit und Kampfgeist sind Formen der konstruktiven Aggression, mit denen sich der Mensch sein Überleben sichert. Wird er dabei konsequent frustriert oder gehemmt, so kann die konstruktive Form in die destruktive umschlagen. Ein Beispiel: Ein Mensch möchte seine Bedürfnisse nach Nahrung und Unterkunft befriedigen. Er wird versuchen, eine Arbeit zu finden, um dafür das nötige Geld zu bekommen, womit er sich Essen kaufen und eine Wohnung mieten kann. Wird er dabei konstant behindert oder sieht er keine Möglichkeit, auf legalem, konstruktivem Wege vorwärtszukommen, dann wird seine Energie, sein Aggressionspotential auf die destruktive Seite umschlagen. In Regionen mit extrem hoher Arbeitslosenquote läßt sich dieser Umschlag von konstruktiver in destruktive Aggression — sprich: in Kriminalität — direkt beobachten.

»Unser Leben ist nicht das der Brüderlichkeit, des Glücks und der Zufriedenheit, sondern es gleicht einem geistigen Chaos und der Verworrenheit, die einem Zustand des Verrücktseins gefährlich nahekommt . . . bei der der Kontakt mit der inneren Realität verlorengegangen ist und bei der das Denken vom Gefühl abgespalten ist . . . Die Kinder lernen in der Schule, daß Ehrlichkeit, Lauterkeit und die Sorge um das Seelenheil die leitenden Prinzipien des Lebens sein sollten, während das 'Leben' lehrt, daß die Befolgung dieser Grundsätze uns bestenfalls zu weltfremden Träumern macht.« *(Fromm, 1966)*

Alternativ: Wirklich ein besserer Weg oder nur alter-naiv?

Hier beschreibt Erich Fromm eine der vielfältigen Ursachen für die Entwicklung der jugendlichen Alternativkultur, in der häufig merklich weniger destruktive Aggressvität und Konkurrenzdruck herrschen, die dafür mehr durch Kooperation, Gemeinsinn und Menschlichkeit gekennzeichnet, oft aber auch nicht mehr als unrealistisch-naive Träumerei ist...

Und wonach sehnen sich die Menschen nun wirklich?

Fromm glaubt es erkannt zu haben:

»Sie sehnen sich nach Glücksgefühl, nach Wahrheit, nach Gerechtigkeit, nach Liebe, nach einem Objekt der Hingabe.«

Wie definiert nun der Psychologe das Glück?

Professor Hans Strotzka sieht es so:

»Ich glaube, daß Glück definiert werden kann als ein Zustand einer weitgehenden Motivationsbefriedigung, zumindest der für das Individuum relevanten Motivationen. Der Mensch wird vermutlich dann glücklich sein, wenn seine wichtigen und dringenden Bedürfnisse ausreichend befriedigt werden. Und man weiß ja aus allgemeiner psychologischer Erfahrung, daß die Momente des Glücks äußerst verschiedenartig sind. Vermutlich ist die wichtigste Glückssituation, die relativ reinste, der Orgasmus. Wenn alle anderen Motivationen zurücktreten und eine starke Motivation befriedigt wird. Wobei vermutlich der Zeitfaktor auch eine Rolle spielt. Daß die glückhaften Momente die sind, in denen eine solche wichtige Motivationsbefriedigung relativ schnell und intensiv erfolgt.«

Wie findet man zur Selbstverwirklichung?

Ein Mensch ist um so glücklicher, je mehr er seine Bedürfnisse in befriedigender Weise erfüllen konnte. Doch wie soll er zu einer Befriedigung gelangen, wenn er seine Bedürfnisse gar nicht kennt?

Der erste Schritt auf dem Weg zu einem glücklichen Leben, zu einem Leben, in dem die eigenen Bedürfnisse optimal befriedigt werden, liegt darin, erst einmal die eigenen Bedürfnisse zu erkennen.

Es war der amerikanische Psychologe Abraham Maslow, der sich nicht länger damit zufrieden gab, daß die psychologischen Theorien vom Menschen aus der Erforschung kranker, neurotischer oder psychotischer Menschen abgeleitet waren. Nicht nur Sigmund Freud, sondern auch Hamilton, Hobbes, Schopenhauer und Jaspers entwickelten ihr Menschenbild aus der Beschäftigung mit Kranken. Dabei wurden die positiven Aspekte menschlichen Verhaltens wie Freude, Zufriedenheit, Wohlbefinden, Freundschaft, Begeisterung oder Glück von der Wissenschaft ignoriert. Maslow suchte nach der *positiven Psychologie:*

»Es wird immer klarer, daß die Erforschung der defekten, verkümmerten und unreifen und ungesunden Beispiele nur eine Defekt-Psychologie und -Philosophie ergeben kann. Die Grundlage einer universellen Wissenschaft der Psychologie muß die Untersuchung selbstverwirklichender Menschen sein.

Freud lieferte uns die kranke Hälfte der Psychologie, und wir müssen sie jetzt durch die gesunde ergänzen.«

Damit hatte Maslow eine sehr wichtige Beobachtung gemacht. Wo bleibt die positive Wissenschaft? Wo wird das gesunde und normale, das glückliche und vorbildhafte Leben erforscht?

Die Zeit ist reif für eine positive Psychologie.

Die Mediziner lernen den menschlichen Körper an Leichen kennen. Die Psychologen beschäftigen sich vor allem mit seelisch und geistig Kranken. Die Juristen kategorisieren die Kriminellen je nach Art und Schwere ihrer Verfehlungen usw. So wie an Straßenkreuzungen erst dann eine Ampel montiert wird, wenn genügend Verkehrsteilnehmer dort zu Tode kamen, orientiert sich auch die Wissenschaft an den Abweichungen vom Normalen.

»Management by exception«, nennen die Manager dieses Vorgehen. Erst dann eingreifen, wenn es nach dem alten Muster nicht mehr läuft. Das Risiko dabei ist, daß es dann bereits zu spät sein kann. Bezogen auf ein Menschenleben kann jemand bereits zu alt sein, bis er erkennt, wie ein gesundes und glückliches Leben zu führen ist.

Abraham Maslow, den viele als den Vater der dritten Richtung der Psychotherapie ansehen, gilt als der Begründer der humanistischen Psychologie. Diese sogenannte Dritte Kraft in der Psychotherapie strebt im Gegensatz zur Tiefenpsychologie und zur Verhaltenstherapie die sinnliche Selbsterfahrung im Hier und Jetzt an. Therapieziel für Kranke oder Entwicklungsziel für Gesunde ist stets die Selbstverwirklichung.

Was ist eigentlich gemeint mit diesem ominösen Wort *Selbstverwirklichung?*

Maslow definiert sie als »die volle Anwendung und Nutzung der Talente, Kapazitäten und Fähigkeiten usw. Solche Menschen schei-

nen sich selbst zu erfüllen und das Bestmögliche zu tun, dessen sie fähig sind.«
(Maslow, 1977)

Bei seiner Erforschung von gesunden, erfolgreichen und glücklichen Menschen, die ihm als Orientierung für seine Persönlichkeitstheorie dienen sollten, stieß er auf eine hierarchische Ordnung der menschlichen Bedürfnisse:

Erst wenn die körperlichen Grundbedürfnisse durch Luft, Wasser, Nahrung, Unterkunft, Schlaf und Sexualität gestillt sind, strebt der Mensch nach Sicherheit; hat er diese erreicht, dann geht es ihm um die Liebe und Zugehörigkeit; auf der nächsthöheren Stufe steht das Bedürfnis nach Selbstachtung und Achtung anderer. Ab hier beginnen Werte wie Gerechtigkeit, Individualität, Selbstgenügsamkeit oder Güte wichtig zu werden.

Der Psychotherapeut: Geburtshelfer des glücklichen Lebens?

Doch es gibt auch neurotische Bedürfnisse. Die Psychotherapie oder die Psychologie hat die Aufgabe, dem Menschen zu helfen, Einsichten über sich selbst zu gewinnen, seine grundlegenden instinktoiden Grundbedürfnisse zu stärken und die neurotischen Bedürfnisse aufzudecken, abzuschwächen und zu beseitigen.

Und was verändert sich durch die Psychotherapie? »Der Charak-

ter (oder die Persönlichkeit) ändert sich sowohl oberflächlich wie auch in der Tiefe. Es gibt sogar einiges Beweismaterial dafür, daß sich das Aussehen ändert, die psychische Gesundheit bessert. In einigen fällen steigt sogar der IQ.«
(Maslow, 1977)

Der gesunde und selbstverwirklichende Mensch erlebt Glück dann, wenn er anderen etwas geben kann. Insofern kann man auch Selbstlosigkeit als eine Form von indirektem Egoismus bezeichnen. Positiv formuliert heißt das, daß altruistisches Verhalten, also selbstloses, dem Wohl des anderen dienendes Verhalten letztlich glücklicher macht als das direkte Anstreben des eigenen Glücks.

Wer seelisch reich ist, der kann auch geben.

Die goldene Mitte

oder

Das Ideal aus Halb und Halb des Dichters Li Mi-an aus dem 16. Jahrhundert:

»Schon ist es mehr als halb verflossen
mein Leben — wieder klingt dies Zauberwort,
dies 'Halb' so reich an tieferer Bedeutung!
Es heißt uns kosten mehr als jemals wir
besitzen können. Halber Lebensweg
ist beste Zeit, ist Zeit der Rast und Muße;
auf halbem Weg liegt weite, weite Welt.
So lebe halbwegs zwischen Stadt und Land,
hab deinen Hof halb zwischen Fluß und Berg;
sei halb Gelehrter, halb ein Landmann,
halb ein Kaufmann; lebe halb wie Edelvolk
und halb so wie die Sippe der Gemeinen.
Und führ dein Haus halb reich bestellt, halb schlicht,
halb voll von schweren Stücken und halb kahl;
Gewänder halb im Spind, halb alt, halb neu,
und iß halb prasserisch, halb wie ein Knecht.
Nimm Diener, nicht zu klug und nicht zu blöde,
ein Weib, nicht zu beschränkt, doch nicht zu keck —
und sprich: ich fühl mich halb als Buddha,
und halb beinah als sel'ger Tao-Geist!
Ein Halb von mir geb ich dem Himmel wieder,
das andre Halb geht an die Kinder —
so denk ich halb, wie die, die nach mir sind,
es treiben wollen, halb sinn ich,
wie ich stehn soll vor dem Himmel,
wenn einst der Körper ruht.
Den halb Betrunkenen nenn ich klug betrunken,
Blumen in halber Blüte sind die schönsten,
das Boot mit halben Segeln läuft am stillsten,
ein Pferd mit halbem Zügel trabt wie keins.
Wer halb zuviel hat, dem wächst Kummer auf,
doch halb zuwenig gibt Besitzerglück.
Und da das Leben süß und bitter ist,
wer's halb nur nimmt, ist klug und weisheitsvoll!«

(nach Lin Yutang, 1978)

Die spontane Antwort von Professor Viktor E. Frankl.

Li Mi-ans Weisheit erscheint auf den ersten Blick paradox. Daß aber der Mensch bei Gefühlen wie Freude, Glück und Lust tatsächlich häufig paradox reagiert, hat der Begründer der Logotherapie, der Wiener Professor Viktor Frankl, aus jahrzehntelanger psychotherapeutischer Arbeit extrahiert. Seine daraus entstandene Philosophie über den Sinn des Lebens, die trotz oder gerade wegen seines dreijährigen KZ-Aufenthaltes eindeutig lebensbejahend und betont positiv ausfiel, fand eine weltweite Anhängerschaft.

Ich fragte ihn nach dem Weg zum Glück:

»Es ist eine Grunderfahrung der Psychotherapie, und da nicht zuletzt wieder in der Psychotherapie sexual-neurotischer Störungen, die uns immer wieder entgegentritt, daß der Mensch, je mehr er sich das Glücklichsein zum Ziel macht, um so weniger fähig wird, dieses Ziel zu erreichen.

Ich pflege das meinen Studenten in einer Kurzformel anzubieten, indem ich sage, 'je mehr es einem um die Lust geht, um so mehr vergeht sie einem'.

Sie können das jetzt transponieren, indem Sie sagen, je mehr einer nach dem Glück jagt, um so mehr verjagt er es. Und das kommt daher, weil Glück oder Lust kein Ziel irgendwelcher Bestrebungen sein können. In dem Moment, wo sie zum Ziel gemacht werden, scheitert man, aus dem einfachen Grund, weil Lust und Glück eine Wirkung sind und eine Wirkung bleiben müssen. Das heißt, eine unbeabsichtigte Wirkung. Je mehr wir etwas beabsichtigen, um so mehr gehen wir fehl, gehen wir daran vorbei. Es ist so, daß der Mensch, gar nicht wie die Motivationstheorien uns einreden wollen, nach Lust strebt, sondern er strebt danach, wenn man das so sagen will, einen Grund dazu zu haben, zur Lust, zum Glücklichsein.

Macht er es selbst zum Ziel, dann geht er daran vorbei. Will er aber das, was ich Selbst-Transzendenz nenne, ausleben — das hat mit Transzendenz im theologischen Sinne überhaupt nichts zu tun –, will er, praktisch gesprochen, sich hingeben, an eine Aufgabe oder liebend sich hingeben einem anderen Menschen, zum Beispiel seinem Partner, dann wird er glücklich, ohne sich darum zu kümmern, gerade deshalb, weil er sich nicht darum sorgt.

Sinn und Ziel: die Selbsttranszendenz.

Dagegen verliert er dann, wenn er sich darauf konzentriert: 'Ich möchte glücklich werden', den Boden unter den Füßen, dann verliert er buchstäblich den Grund, um glücklich zu werden. Er wird dann glücklich, wenn er die Selbsttranszendenz auslebt, das heißt, wenn er aufgeht in einer Aufgabe, wenn er aufgeht in der Hingabe an den Partner.

Das ist genauso wie mit dem Auge: die Fähigkeit des Auges, seine biologische Funktion auszuüben, das heißt, die umgebende Welt wahrzunehmen, visuell wahrzunehmen: Interessanterweise ist diese Fähigkeit absolut abhängig davon, daß das Auge nicht sich selbst wahrnimmt. Ein Beispiel: Wenn ich an Grauem Star erkrankt bin, dann sehe ich irgendwelche Wolken. Das ist Linsentrübung, die ich dann sehe. Wenn ich an Grünem Star erkrankt bin, dann sehe ich Regenbogenhöfe und Lichtquellen rundum. Das ist der erhöhte Druck auf der vorderen Augenkammer. Das gesunde Auge nimmt die Welt wahr, aber nicht sich selbst. Und in dem Maße, wie es sich selbst wahrnimmt, ist es schon erkrankt und seine Funktion gestört.

Genauso ist es mit dem Menschen. In dem Maße, in dem er sich vergißt, in dem er sich — wie das Auge — übersieht, hingibt an den Partner, in dem Maße ist der Mann potent, ist die Frau orgasmusfähig.

In dem Maße wiederum, in dem sie sich beobachten und einander beobachten, in dem sie es darauf anlegen, er, seine Potenz zu demonstrieren, sie, ihre Orgasmusfähigkeit vor sich selber zu beweisen, genau in dem Maße, wie sie um sich selbst bekümmert sind, sind sie orgasmusunfähig, er impotent, sie frigid. Sie müssen sich selbst übersehen können; sie müssen sich vergessen können; sie müssen in Selbstvergessenheit hingegeben sein können, an eine Aufgabe oder einen Partner.

Im Aufgehen in einer Sache oder in einer Person, in der Liebe zu einer Person, im Dienst der Sache, oder in der Liebe zu einem anderen Menschen, wird der Mensch überhaupt erst ganz Mensch, wird er er selbst. Das heißt, Selbstverwirklichung ist nur zu haben um den Preis der Selbsttranszendenz, der Selbstvergessenheit, in diesem besten Wortsinn.« *(Frankl 1981)*

Die sieben goldenen Regeln zum Glück

Faßt man die vielfältigen Gedanken und Überlegungen zum Glück zusammen, so kommt man zu folgendem Schluß:

Sind die körperlichen Grundbedürfnisse befriedigt, dann mag sich ein Gefühl der Sattheit oder Zufriedenheit einstellen. Zum Glück bzw. Glücklichsein jedoch gehört mehr.

Die sieben Regeln zum Glück heißen seelische Gesundheit, persönliche Identität und ein Gefühl von Autonomie, soziales Engagement, eigene und fremde Anerkennung, Bescheidung und Aktivität. Was ist damit im einzelnen gemeint?

Nun,

1. **gesund zu sein**, das heißt arbeitsfähig, liebesfähig und genußfähig zu sein und fühlen zu können.

Erst das sinnliche und seelisch-geistige Vermögen, das Glück auch wahrnehmen zu können, wenn es da ist, schafft die Voraussetzungen zum Glücklichsein.

»Wollt ihr die Menschen bessern, so macht sie glücklich; wollt ihr sie aber glücklich machen, so geht an die Quellen allen Glücks .... an die Sinne. Die Verneinung der Sinne ist die Quelle aller Verrücktheit und Bosheit und Krankheit im Menschenleben, die Bejahung der Sinne die Quelle der physischen, moralischen und theoretischen Gesundheit.« *(Ludwig Feuerbach)*

2. Die persönliche **Identität**, was so viel bedeutet wie »Werde, der du bist, lerne deine Bedürfnisse kennen und du weißt, was dir fehlt«. Ja, mehr noch, wer sich selbst gefunden hat, der kennt seinen Platz auf dieser Welt und hat damit den Sinn seiner Existenz gefunden.

»Glücklich nennen wir den Menschen ..., der kein Gut kennt, das größer wäre, als er selbst es sich zu geben vermag.« *(Seneca)*

3. Das Gefühl von **Autonomie:** Erst wenn jemand freiwillig das tun kann, was er tun will, macht es ihn froh. Das Gefühl von Stärke und Autonomie vertreibt die Angst, die mit dem Glück unvereinbar wäre. Das bedeutet aber gleichzeitig, gegebenenfalls Hilfe zu suchen und sie auch annehmen zu können.

4. **Die Liebe:** Das wohlwollende Tun für andere: Nicht im Nehmen, erst im Geben fühlt man sich frei, souverän und auf eine Art reich, die glücklich macht.

»Jemanden glücklich machen, ist das höchste Glück«, resümierte einst Theodor Fontane.

Ein ähnlich beglückendes Gefühl haben wir dann, wenn wir einem anderen Menschen ein schönes Erlebnis vermitteln, die Freude mit ihm teilen können.

5. **Anerkennung:** Die Sozialpsychologie belegt die glückspendende Wirkung altruistischen Verhaltens: »Glückliche Menschen geben viel«, oder umgekehrt: »Wer anderen hilft, wird ein glücklicher Mensch werden«. Hinzu kommt die Beobachtung, daß Menschen in Situationen der Traurigkeit und Depression das Alleinsein suchen und sich so die Chance verbauen, für andere da sein zu können.

Wenn jemand den ersten Schritt geschafft hat, wieder auf andere zuzugehen, hat er auch die Möglichkeit, nicht nur von anderen Wertschätzung und Anerkennung zu erfahren, sondern auch für andere etwas tun zu können.

Jetzt hat er die Chance zur Selbstverwirklichung, sich, seine Grenzen und seine Möglichkeiten in der Begegnung mit anderen Menschen zu erfahren.

Für den Begründer der Individualpsychologie, Alfred Adler, war das Streben nach Anerkennung die Haupttriebfeder des Menschen. Es bedeutet, sich selbst mit seinen Stärken und Schwächen anzunehmen, andere anzuerkennen und von anderen anerkannt zu werden.

Hiermit ist auch jenes Glücksgefühl gemeint, das meist als Lust erlebt wird, wenn einem eine extreme Leistung gelingt, wenn einem etwas »glückt«.

6. **Bescheidung:** Der Philosoph Ludwig Marcuse, der uns das Buch »Philosophie des Glücks. Von Hiob bis Freud« hinterließ, meint: »Vielleicht ist diese Ahnungslosigkeit von den Weisheiten der Jahrhunderte, von den Hymnen aufs Glück, mitschuld an der herrschenden Glücklosigkeit, besser: an dem herrschenden Nicht-In-betrachtziehen der Anlage zum Glücklich-Sein.« Und dann blickt er auf sein eigenes Leben zurück: »Wenn ich die Erfahrungen meines Lebens summieren darf (das Liebesleben sei nicht erwähnt), so würde ich sagen, es sind in das Leben Glückseligkeitsmomente ein-

gesprenkelt. Wer für das Glück in der Geborgenheit einen Sinn sucht, ist verloren, da der Mensch keinen Sinn finden kann. Die großen Religionsstifter und Philosophen bis zu Schopenhauer hin versorgten die Menschen oft mit einer Geborgenheit im Glück, die nie lange hielt, sondern mehr und mehr durch armselige Interpretationen ersetzt wurde. Wer glaubt, ein sinnloses Leben nicht führen zu können, soll sich umbringen. Sinnlos bedeutet: Ohne einen dauernd schützenden Sinn. Momentane Glücks- und Seligkeitspartikelchen gibt es genug. Der Mensch muß lernen, bescheidener zu werden.«

(Marcuse 1972).

Die Emanzipation von Besitz, vom Haben, wie Fromm sagt, also die Unabhängigkeit vom Besitzen-Müssen, macht frei für das Glück. Schließlich hat jeder Besitz zwei Haken: Er verpflichtet und ist mit der Angst um seinen Verlust verbunden. Wenn auch materieller Wohlstand bestimmte Formen des Glücklichseins erst ermöglicht — kaufen läßt sich das Glück nicht.

Von dem dänischen Philosophen Kierkegaard stammt die Vorstellung, daß die Tür ins Reich des Glücks nach außen aufgehe. Sie läßt sich nicht mit Gewalt aufstoßen, im Gegenteil: Um sie öffnen zu können, muß man sogar einen Schritt zurücktreten.

7. Aktivität: Der 75jährige Goethe beklagte sich bei Eckermann, wie arm sein Leben an wirklichem Glück und Behagen gewesen sei:

»Mein eigentliches Glück war mein poetisches Sinnen und Schaffen!« Auch den leidenden jungen Werther läßt er das Glück in der Konsequenz auf die eigene Arbeit erkennen, wenn er ihn das selbstgezogene Gemüse als Glücksquelle huldigen läßt: »Wie wohl ist mir, daß mein Herz die simple harmlose Wonne des Menschen fühlen kann, der ein Krauthaupt auf den Tisch bringt, das er selbst gezogen hat.«

Der Philosoph Josef Piper entdeckte in einem fernöstlichen Satz formelhaft das Problem beschrieben, daß Besitz nicht unbedingt glücklich machen muß: »'Mein Garten', sagte der reiche Mann, der Gärtner lächelte.«

Ein chinesisches Sprichwort meint im gleichen Sinne:
»Willst du einen Tag lang glücklich sein, so betrinke dich.

Willst du ein Jahr lang glücklich sein, so heirate.

Willst du ein Leben lang glücklich sein, so schaffe dir einen Garten.«

Die Anerkennung, das Feedback bzw. Lob von anderen, stärkt das Selbstwertgefühl, damit die Ich-Stärke und das Gefühl gesicherter Identität, bestärkt den Mut für neue Aktivität und das Gefühl, innerlich reich genug zu sein, um geben zu können. Basis dieses Kreislaufs bleibt das Aktiv-Sein, die Lust am Tun, aus der sich Spannung, Abenteuer und das souveräne Gefühl von Angstfreiheit, die Voraussetzung von Glück, ergeben können. Damit ein Glücksgefühl aufkommt, braucht es nur noch den gewissen Kitzel, der ein Siegesgefühl vermittelt oder deutlich macht, daß es sich hier um einen Höhepunkt handelt, der nicht lange hält.

Jetzt.

»Carpe diem«, — koste den Augenblick, nutze den Tag —, empfahl uns Horaz vor zweitausend Jahren. Die moderne Formel dafür heißt heute: Lebe aktiv im Hier und Jetzt.

Der zweite Weg zum Glück – die Phantasie.

Der aktuelle Boom an phantastischer Literatur spiegelt eine Fluchttendenz aus der Wirklichkeit wieder, zeigt die Sehnsucht nach einem legitimen *Opium fürs Volk,* und danach, sich am Unheimlichen und Wunderbaren berauschen zu können.

Auf dem Bücherhimmel leuchtet ein Regenbogen aus Märchen, Mythen, Gespenster-, Dracula-, Frankenstein-, Vampir-, Werwolf-Geschichten, von Traumstädten, Märchenländern, Zauberwelten und Sience-Fiction-Planeten. Phantasie als Religionsersatz? Warum brauchen Menschen dieses Ventil? Ist es Flucht oder Resignation, daß sich irdisches Glück sowieso nicht erreichen lasse?

Was sich daran erkennen läßt: Der zweite Weg zum Glück ist die Phantasie. Im Traum und im Märchen, im Buch, auf der Leinwand und auf der Bühne ist nichts unmöglich, scheint das Glück so nah, mag der eine oder andere modellhaft, vielleicht symbolisch erkennen, wo es langgeht zum eigenen Glück.

Ich sehe darin Wegweiser und Landkarten, Anregungen und Pläne für reale Möglichkeiten, geht doch jeder Verwirklichung ein Planen voraus. Das mag ein Bauplan sein oder nur ein Gedanke, der zur Handlung führt. Auch das spontane Glück braucht einen Platz zum Landen. Sind Sie bereit?

Ein sehr amüsanter Wegweiser zum phantastischen Glück stammt von Georg Büchner, der den Zuschauer seines Lustspiels »Leonce und Lena« nach folgendem Schlußdialog sich selbst und seiner eigenen Phantasie überläßt:

Leonce: »Aber ich weiß besser, was du willst: wir lassen alle Uhren zerschlagen, alle Kalender verbieten und zählen Stunden und Monde nur nach der Blütenuhr, nur nach Blüte und Frucht. Und dann umstellen wir das Ländchen mit Brennspiegeln, daß es keinen Winter mehr gibt und wir uns im Sommer bis Ischia und Capri hinaufdestillieren, und das ganze Jahr zwischen Rosen und Veilchen, zwischen Orangen und Lorbeer stecken.«

Valerio: » Und ich werde Staatsminister, und es wird ein Dekret erlassen, daß, wer sich Schwielen in die Hände schafft, unter Kuratel gestellt wird; daß, wer sich krank arbeitet, kriminalistisch strafbar ist; daß jeder, der sich rühmt, sein Brot im Schweiße seines Angesichts zu essen, für verrückt und der menschlichen Gesellschaft gefährlich erklärt wird; und dann legen wir uns in den Schatten und bitten Gott um Makkaroni, Melonen und Feigen, um musikalische Kehlen, klassische Leiber und eine commode Religion.«

Inhalt

Literatur-nachweis

Frankl, V.E.	Der Mensch vor der Frage nach dem Sinn. Piper, München, 1979
Frankl, V.E.	Die Sinnfrage in der Psychotherapie. Piper, München 1981
Frankl, V.E.	Interview mit S. Lermer, Wien, 7.9.1981
Freud, S.	Das Unbehagen in der Kultur (1930). Fischer, Frankfurt, 1960
Fromm, E.	Psychoanalyse und Religion. Diana, Zürich, 1966 Goldmann Taschenbuch (11211)
Fromm, E.	Interviews, in: Hochkeppel, W., Zwischen Psychoanalyse und Religion. Bayerischer Rundfunk, 2. Pr., 20.3.1980
Kreen, S.	Sich Zeit nehmen für die Langeweile. Psychologie Heute, 1980, 10, 20-27
Kutter, P.	Die menschlichen Leidenschaften. Kreuz, Stuttgart, 1978
Levinson, D.J.	Das Leben des Mannes. Kiepenheuer & Witsch, Köln, 1979

Lin Yutang	Weisheit des lächelnden Lebens. DVA, Stuttgart, 1978
Lüscher, E.	Wohin führt die Entwicklung der Naturwissenschaften? Vortrag, Bayerischer Rundfunk, 2. Pr. 12.5.1981
Marcuse, L.	Philosophie des Glücks. Diogenes, Zürich, 1972
Maslow, A.	Psychologie des Seins. Kindler, München, 1973
Maslow, A.	Motivation und Persönlichkeit. Walter, Olten, 1977
Pestalozzi, H.A.	Nach uns die Zukunft. Kösel, München, 1980 Goldmann Taschenbuch (11349)
Pestalozzi, H.A.	Interview mit S. Lermer, Stuttgart, 22.9.1981
Pieper, J.	Über die Liebe. Kösel, München, 1972
Strotzka, H.	Interview mit S. Lermer, Wien, 7.9.1981

GOLDMANN VERLAG

Ratgeber

10888

10942

10943

10931

10809

10838

10932

10933

10944

GOLDMANN VERLAG

Der bekannte Psychologe Dr. Ulrich Beer bei Goldmann

Entscheide dich richtig, hab Mut zum Glück!
Glück ist kein Zufall, sondern das Ergebnis von Entscheidungen, die wir selbst für uns und unser Leben getroffen haben. Glück muß man haben wollen...
Bestell-Nr. 10871

Selbsttherapie
Depression, Eifersucht, Lebenskrisen... Seelische Belastungen verursachen viele Krankheiten und Störungen. An 35 verbreiteten seelisch verursachten Störungen zeigt der Autor, wie man ihre Heilung selbst in die Hand nimmt.
Bestell-Nr. 10896

Ehekriegsspiele
Aus der Praxis der Eheberatung erkannte Dr. Beer bestimmte Konflikttypen, die vielen Eheuneinigkeiten gemeinsam sind. Um ihre Entstehung zu wissen, hilft, die eigene Situation positiv zu ändern.
Bestell-Nr. 10935